¡Algo Tiene Que Cambiar!

Por David Mayorga

SHABAR PUBLICATIONS
www.shabarpublications.com

La mayoría de los productos de Shabar Publications están disponibles con descuentos por cantidad especial para compras al por mayor para promociones de ventas, recaudación de fondos y necesidades educativas. Para más detalles, escriba Shabar Publications a mayorga1126@gmail.com.

¡Algo Tiene Que Cambiar! por David Mayorga

Publicado por Shabar Publications
3833 N. Taylor Rd.
Palmhurst, Texas 78573
www.shabarpublications.com
www.masterbuildertx.com

Este libro o partes del mismo no pueden reproducirse de ninguna forma, almacenarse en un sistema de recuperación o transmitirse de ninguna forma por ningún medio (electrónico, mecánico, fotocopia, grabación o de otro tipo) sin el permiso previo por escrito del editor, excepto según lo dispuesto por la ley de derechos de autor de los Estados Unidos de América.

A menos que se indique lo contrario, todas las citas de las Escrituras son de las versiones Reina Valera version 1960 y Nueva Version Internacional. Usado con permiso.

Portada creada por David Mayorga.

Editado por Jessy Hernandez

Copyright @ 2022 por David Mayorga
Todos los Derechos Reservados.

ISBN: 978-1-955433-06-8

Tabla de Contenidos

Prefacio 5

Introducción 9

Parte I 13

Capítulo 1: "Abre Mis Ojos ¡Oh, Dios!" 14

Capítulo 2: ¡Un Clamor Por Ascender
al Trono de Dios!!" 19

Capítulo 3: ¡Empapado Por Su Presencia! 24

Capítulo 4: ¡Adoración: ¡En Espíritu Y en Verdad!! 29

Capítulo 5: ¡Posicionado Para Poder Escuchar a Dios!..... 34

Capítulo 6: ¡Un Corazón Rendido! 39

Capítulo 7: ¡Nada Bueno en Mí! 44

Parte II 49

Capítulo 8: ¡Sensibilidad Hacia Al Espíritu Santo! 50

Capítulo 9: ¡Lo Que Dios Diga Siempre
Será la Orden Divina! 55

Capítulo 10: ¡Examíname Oh Dios! 60

Capítulo 11: ¡Un Arrepentimiento Verdadero!........... 65

Capítulo 12: ¡Crucificando Tu Naturaleza
Pecaminso Diariamente!................... 70

Capítulo 13: ¡Siempre Hago Lo Que Le Agrada!......... 75

Capítulo 14: ¡Caminando en el Temor de Dios............ 80

Parte III.. 85

Capítulo 15: ¡¡Sumisión a Dios!........................ 86

Capítulo 16: ¡Obediencia a Cualquier Costo!.............. 91

Capítulo 17: ¡Ungido Para Ser Luz!..................... 96

Capítulo 18: ¡La Unción No Es Solo Para Ti!............ 101

Capítulo 19: ¡Una Misión Local y Global:
¡Ganando Almas, Haciendo Discípulos
y Preparando Obreros!.................... 107

Capítulo 20: ¡Impactando Tu Lugar de Trabajo
y Tu Cultura!............................ 113

Capítulo 21: ¿Si No Tu, Entonces Quien? Y
¿Si No Hoy, Entonces Cuando?............ 118

Informacion de Shabar Publications................... 124

Prefacio

Han pasado muchas cosas en mi vida desde que conocí a David Mayorga.

Mi esposo Stan conoció a David hace años en un viaje a una conferencia de pastores en Morelia, Michoacán, México. Parecían estar en la misma página en cuanto a ideas de ministerio, enseñanzas y experiencias generales en la vida cristiana. David y su esposa Lisa visitaron nuestra incipiente obra en varias ocasiones, trayendo una buena palabra para animar a nuestro grupo. La iglesia siguió creciendo y pronto necesitamos un lugar más grande. Compramos una propiedad en las afueras de la ciudad y en poco tiempo tuvimos un edificio en funcionamiento. David continuó siendo parte de lo que Dios estaba haciendo aquí.

Mi esposo murió trágicamente en 2008 dejándome aquí (México) en medio de un proyecto de construcción más grande, levantando la iglesia y el ministerio, tratando de encontrarme a mí misma y cómo iba a funcionar todo esto después de su muerte. De repente me encontré haciéndolo todo en lugar de compartir la carga de trabajo con mi esposo como antes. Ahí es donde David Mayorga entra.

Un día, varios años después, recibí un correo electrónico de David. Solo estaba realizando un chequeo y estaba pendiente, viendo cómo me encontraba sobreviviendo a los cambios en mi vida. Empecé a asistir a clases semanales impartidas por él y también visitó la iglesia enseñando mensajes impactantes. Sus enseñanzas fueron una parte clave en la transformación de mi propia vida: pasar de una viuda afligida e insegura a un pastor con valor, confianza y unción. He capeado muchas tormentas. Pero las enseñanzas sobre el quebrantamiento y la búsqueda de Dios en un nuevo nivel han sido fundamentales para la formación de mi carácter y propósito, alineando mis pensamientos y mi vida. Estoy agradecido con Dios por permitirme este crecimiento y la enseñanza sana y equilibrada de David.

David ha enseñado los mismos mensajes en nuestra iglesia. Los mismos que leerás en este libro. Enseñanza y formación sobre cómo amar a Dios y buscarlo de todo corazón. Los mismos que impactarán tu vida si estás dispuesto a permitir que el Espíritu Santo entre y haga la obra que solo Él puede hacer. Estas enseñanzas no provienen del conocimiento mental o del estudio puro. No son estudios de griego o hebreo. Pero estos mensajes vienen de forjarse en el fuego. Despertarse temprano en la mañana mientras el resto del mundo duerme. Caminando lo que estás predicando. Buscando cuando nadie lo hace. Llorar cuando solo Dios ve tus lágrimas.

A nadie le gusta el quebrantamiento. Ninguno. Pero los beneficios, el crecimiento, y el impacto en tu vida, es lo que te conduce a una vida bien vivida. Sirviendo a Dios como Él se merece. Amar incluso cuando se siente imposible. Solo el quebrantamiento puede hacer eso en el corazón y en el alma de una persona.

David te ofrece la posibilidad de vivirlo de primera mano. Abre este libro y experimenta a Dios como nunca antes, ahí donde está - sentado en el trono con Su gloria llenando el lugar. Llenando tu lugar. Cada centímetro de ti totalmente rendido hacia Aquel que lo dio todo por ti.

¡Algo Tiene Que Cambiar!

¡Disfruta de tu crecimiento!

        -Pastor Debbie Hopwood
         Oasis de Esperanza,
         Matamoros, Tamaulipas, MEXICO

Introducción

Muchas veces me he hecho la pregunta, ¿Para que escribir otro libro que hable del quebrantamiento o sobre la necesidad de un avivamiento? Y aunque a veces le digo a Dios, *"Señor, permite que la iglesia siga como esta, haber si así aprenden."* Al decir esto, el Espíritu de Dios no me deja estar tranquilo. ¡La verdad es que Dios no va a dejar a Su iglesia desmayar por el camino!

Aunque ha habido muchas veces que parece ser que la iglesia del Señor no avanza, lo que necesitamos saber es que Dios no permitirá que Sus siervos sigan viviendo vidas negligentes y destituidas de Su fuego, especialmente Sus siervos.

La verdad en todo esto, es que Dios siempre ha tenido siervos en todas las épocas que despierten a Su iglesia. Apóstoles, profetas, maestros, pastores, evangelistas, y todos los que escuchan la voz de Dios, han surgido para traer a la iglesia del señor al corriente a donde El esta.

Esto no significa que rápidamente son aceptados por la iglesia, pero casi siempre la voz de estos siervos trasciende lo negativo y, de todos modos, hace un impacto fuerte.

Hace unos meses atrás, empecé a sentir un increíble deseo por tener mas de Dios en mi vida. Doy gracias a Dios por todo lo que El me ha enseñado a través de los años y, por todo lo que Dios me ha permitido hacer para Su reino. Aunque el Señor a traído bendición en muchos, mi corazón anhela mucho mas de El.

Para escribir esta manuscrita, Dios tuvo que recordarme una y otra vez lo que Su corazón anhelaba de mi, y lo que el deseaba lograr a través de estas notas. Fue así como tome la orden de Dios para escribir este libro.

Tomando la experiencia del profeta Isaías encontrada en Isaías 6:1-8, entendí el corazón de Dios para estos escritos. La escritura dice así:

"En el año de la muerte del rey Uzías vi yo al Señor sentado sobre un trono alto y sublime, y la orla de su manto llenaba el templo. Por encima de Él había serafines; cada uno tenía seis alas: con dos cubrían sus rostros, con dos cubrían sus

pies y con dos volaban. Y el uno al otro daba voces, diciendo:

Santo, Santo, Santo, es el Señor de los ejércitos, llena está toda la tierra de su gloria.

Y se estremecieron los cimientos de los umbrales a la voz del que clamaba, y la casa se llenó de humo. Entonces dije: ¡Ay de mí! Porque perdido estoy, pues soy hombre de labios inmundos y en medio de un pueblo de labios inmundos habito, porque han visto mis ojos al Rey, el Señor de los ejércitos. Entonces voló hacia mí uno de los serafines con un carbón encendido en su mano, que había tomado del altar con las tenazas; y con él tocó mi boca, y dijo: He aquí, esto ha tocado tus labios, y es quitada tu iniquidad y perdonado tu pecado. Y oí la voz del Señor que decía: ¿A quién enviaré, y quién irá por nosotros? Entonces respondí: Heme aquí; envíame a mí." (Isaías 6:1-8)

Durante 21 días de oración y ayuno, tomé apuntes de las revelaciones que Dios me mostraba; y así fui diseñando los principios para una reformación espiritual. El clamor era simple:

"¡ Quiero ser reformado a Tu imagen, oh, ¡Dios! ¡Quebrántame! ¡Avívame! ¡Alinéame! ¡y Envíame!"

Si sientes que algo tiene que cambiar en ti, o en cualquier área de tu vida, no necesitas unas vacaciones; lo que de verdad necesitas es una cueva, tu biblia, y este libro en tus manos. ¡Te prometo que verás la gloria de Dios!
¡Bienvenido a mi mundo!

- David Mayorga, *Autor*
McAllen, Texas

Parte I

"Vi yo al Señor sentado sobre un trono alto y sublime…"

Capítulo 1

"Abre Mis Ojos ¡Oh, Dios!"

"Deteniéndose Jesús, los llamó, y dijo: ¿Qué queréis que yo haga por vosotros? Ellos le dijeron: Señor, deseamos que nuestros ojos sean abiertos. Entonces Jesús, movido a compasión, tocó los ojos de ellos, y al instante recobraron la vista, y le siguieron." (San Mateo 20:32-34)

No creo que se encuentre una posición mas complicada en una persona que la inhabilidad de no poder ver. El hecho de estar ciego ha de ser uno de los desafíos más grandes en este mundo y sin embargo muchos lo han logrado vencer.

He tenido el privilegio de conocer a varios hermanos que perdieron su vista ya sea por enfermedades o por accidentes, pero al estar en la presencia de ellos, un espíritu de vencedor s lo que he podido experimentar.

La realidad de no poder ver los ha transformado en personas de fe y perseverancia y siguen cruzando desafío tras desafío.

Siempre he dicho, "Si un ciego puede con sus múltiples desafíos – ¿cuanto mas uno que tiene el poder de ver?"

En la vida espiritual, la necesidad de poder ver es un desafío que también muchos no han podido lograr de vencer. El no poder ver y estar espiritualmente ciegos, nos ha causado mucho dolor y ha dejado a muchos desesperados, confundidos y paralizados.

Estar ciegos naturalmente no es lo mismo que estar ciegos espiritualmente. El ciego espiritualmente esta en una posición donde la esencia de Dios no esta presente y la persona se encuentra sin dirección en la vida. ¡Esto de verdad que es triste!

Un Clamor Por Visión

Al estar meditando sobre este tema, hay unos cuantos principios que me llaman la atención. La necesidad de poder ver a Dios, de poder ver mi propia vida, y de poder ver mi futuro, toman la delantera en este capítulo.

1. Primero, si no podemos ver a Dios y reconocer que

El es el todo, y que sin El, no podremos caminar en paz en esta vida – batallaremos por el resto de nuestra estancia en esta vida.

Debemos hacer nuestra oración simple y clamar a Dios que abra nuestros ojos para poder verlo en Su plenitud. Si nuestro clamor no es verle a Dios, entonces no hemos reconocido nuestra necesidad de poder ver y estamos viviendo una mentira.

2. En segundo lugar, la habilidad de poder ver nuestras propias vidas. ¿Dónde nos encontramos espiritualmente? ¿Estamos viviendo la vida que Dios nos pide? ¿Hemos dejado de buscar el rostro de Dios porque simplemente nos hemos enfriado? O ¿Estamos contentos con el estado de fe donde nos encontramos?

3. Por ultimo, ¿Qué es lo que Dios nos ha pedido hacer para El? ¿Todavía seguimos quejándonos por las injusticias en nuestras propias vidas? ¿Seguimos culpando a otras personas por que tal vez ellos tuvieron la culpa por como nos salió nuestra vida?

Si vamos a experimentar una reformación espiritual, el primer paso es ver a Dios. Si no lo vemos, no podremos hacer los cambios. Mi mentor solía decir, "¡Si no puedes ver, prende la Luz! ¡Luego que la prendas, podrás hacer los cambios necesarios!"

Preguntas Para Una Reformación Espiritual

1. ¿Estoy ciego espiritualmente? Evalúa tu vida honestamente delante de Dios.

2. ¿Qué tan alto es el precio que deseas pagar para poder ver a Dios?

3. ¿Sabes clamar por una visión del rostro de Jesus? ¡Si no sabes, necesitas aprender a clamar!

Apuntes:

Capítulo 2

¡Un Clamor Por Ascender al Trono de Dios!

"Después de esto miré, y allí en el cielo había una puerta abierta. Y la voz que me había hablado antes con sonido como de trompeta me dijo: «Sube acá: voy a mostrarte lo que tiene que suceder después de esto." (Apocalipsis 4:1)

Cuando hablamos de aumentar en nuestro conocimiento de Jesucristo, a veces me pregunto, ¿Cuántos de verdad anhelamos esto? ¿O lo decimos solo para oírnos mas espirituales delante de otras personas? En lo personal, yo no creo que hay una experiencia mas potente para el ser humano, que subir a una dimensión espiritual y escuchar a Dios audiblemente.

El anhelo en el corazón de ver o escuchar a Dios es muy real, y el único que nos puede invitar a esta dimensión, es Dios. Podemos empezar primero con el humillándonos delante de Dios. Creo que esto nos da la ventaja de poder escucharle. Esperar que Dios nos reconozca y abra los cielos, será el desafío de todo buscador de Dios.

Cuando hay necesidad en nuestros corazones por subir mas alto de lo que hemos subido; y la necesidad de que algo tiene que cambiar en nosotros, nos llevará a nuevo ritmo de paciencia para con Dios.

¿Por Qué La Necesidad de Ascender al Trono?

¿Cuál es la gran necesidad de subir y hablar con Dios? Si como creyente nunca has subido a estos lugares celestiales, entiendo por que no hay esa pasión en ti. Ahora, si has escuchado a Dios hablar en esta dimensión, tu corazón anhela encontrarse con El diariamente.

La necesidad de subir con Dios es grande. Solo bajo esta condición, puede el corazón y mente humana entrar y obtener este poder que solo ahí se encuentra. El poder del que hablo es un poder sobrenatural para hacer la tarea de Dios.

Aunque uno este débil, aunque uno se encuentre sin fe, o sin esperanza, sin habilidades, sin finanzas, sin ayuda, sin respaldo, una visitación de Dios, ¡quitará todo esto y encenderá el corazón con una nueva visión y fortaleza!

Todo lo que Dios ha necesitado en cada generación para hacer y llevar a cabo la tarea, es un hombre o mujer que haya encontrado el secreto de subir a la dimensión donde Dios mora, y ahí escuchar y poner mucha atención a las instrucciones del Maestro.

No es suficiente solo leer la biblia, ayunar y esperar en Dios – tiene que haber mas. Tenemos que llegar al punto donde nuestra alma anhela ascender al trono de Dios para experimentar una visitación de poder.

Preguntas Para Una Reformación Espiritual

1. ¿Cuándo fue la ultima vez que ascendiste al trono de Dios y escuchaste cosas que te impactaron?

2. El ayuna y la oración junto con largas esperas en la presencia de Dios, será la condición principal para posicionarte y recibir

revelación de Dios.

3. ¿Cuándo fue la ultima vez que hiciste un ayuno de 13 días? ¿21 días o ¿40 días? Si no has experimentado la voz de Dios, creo que es tiempo de un buen ayuno largo y oración.

¡Algo Tiene Que Cambiar!

Apuntes:

Capítulo 3

¡Empapado Por Su Presencia!

"Y en unión con Cristo Jesús, Dios nos resucitó y nos hizo sentar con él en las regiones celestiales..." (Efesios 2:6)
Hay algo que he visto en todo siervo de Dios que, en mi opinión, es la clave para vivir una vida vibrante y llena de fe. Aunque hay muchas enseñanzas que garantizan ciertas victorias y pues claro, muchas novedades, yo en lo personal, sigo poniendo por obra lo que Dios me enseño hace muchos años.

Estoy consciente que, si existen los tiempos difíciles, y también, entiendo muy bien que a veces, la carne tiende a dominarnos. Y pues también lo obvio, el diablo mismo, hace su esfuerzo. No creo que sea necesario, pero seria bueno repetirlo: todo siervo sabe, que estamos en medio de un campo de batalla y debemos luchar.

Pero a lo que voy, es que hay una forma de vivir mas alto o para simplificar, podemos vivir en la dimensión donde Dios mora, y Su presencia es tan palpable y tangible.

En este capítulo llamado Empapado Por Su Presencia, quiero hablar de estos lugares celestiales de los que Efesios explica. La escritura dice así, "**...nos dio vida con Cristo, aun cuando estábamos muertos en pecados. ¡Por gracia ustedes han sido salvados! Y en unión con Cristo Jesús, Dios nos resucitó y nos hizo sentar con él en las regiones celestiales...**" (Efesios 2:5, 6)

Ahora bien, los lugares o regiones celestiales son la misma presencia de Dios. Por la sangre de Cristo tenemos acceso a este lugar. Al subir ahí, es subir para obtener poder y autoridad espiritual.

Empaparnos de Su presencia simplemente significa subir a donde El esta. ¡Obvio que es una subida echa por fe!

Todo cristiano que ha caminado con Dios por un buen tiempo sabe que su batalla se encuentra en la mente. La escritura claramente nos explica y nos instruye lo siguiente: "**Porque nuestra lucha no es contra seres humanos, sino contra pode-**

res, contra autoridades, contra potestades que dominan este mundo de tinieblas, contra fuerzas espirituales malignas en las regiones celestiales." (Efesios 6:12)

Cuando finalmente uno pueda aprender a subir a los lugares o regiones celestiales por fe, uno podrá empaparse de la presencia de Dios, y nada será imposible para el o ella.

Preguntas Para Una Reformación Espiritual

1. ¿Puedes recordar cuando fue la última vez que te empapaste de Su presencia? ¿Cuál fue tu experiencia? ¿Deseas vivir en esta intensidad? Muchas veces solo subimos por necesidad. He aprendido que uno puede subir y mantenerse bajo ese paraguas cuanto quiera o deseé. ¡Inténtalo!

2. La mayoría de nuestras batallas serán mentales. El enemigo lo sabe, y hará todo lo posible para confundir a Su siervo con muchas ideas. El beneficio de subir a lugares celestiales es

que todo se ve súper claro desde allí.

3. El subir a lugares celestiales es lo mismo que empaparnos de Su presencia. A muchos creyentes les gusta la idea de empaparse de la presencia de Dios, pero cuando se trata de pagar el precio para obtenerlo, ¡mejor lo olvidan! Que este tipo de cristiano, ¡no seas tu!

Apuntes:

Capítulo 4

Adoración: ¡En Espíritu Y en Verdad!

"Pero se acerca la hora, y ha llegado ya, en que los verdaderos adoradores rendirán culto al Padre en espíritu y en verdad, porque así quiere el Padre que sean los que le adoren. Dios es espíritu, y quienes lo adoran deben hacerlo en espíritu y en verdad." (San Juan 4:23, 24)

Para experimentar un avivamiento personal, siempre ha sido mi opinión, que el siervo de Dios debe dar lugar al Espíritu de Dios que trate con su corazón primero. Es aquí donde Dios hace la mayor obra en nuestras vidas. Deje explico:

¡Todo Es Interno!

Las personas que se han entregado a Dios y que son seguidores de Cristo, por la mayor parte, buscan cierto ambiente externo para encontrar paz, tranquilidad, gozo; quizás una recamara para estar a solas con Dios seria la mejor preferencia, o algo mas adecuado para tener convivio con el Espíritu Santo. Entiendo esta forma de pensar. Aunque este sea una buena forma para poner en practica la meditación, usualmente, esto no se encuentra y muchas veces no es fácil de obtener.

Permítame también poner en claro, que la adoración en Espíritu y en verdad, no tiene nada que ver con lo externo. ¡El tipo de adoración de la que Jesús habla aquí, es interna!

¡No Se Encuentra en el Templo!

La mujer Samaritana le dijo a Jesús [v.20] en su discurso con El, "Nuestros antepasados adoraron en este monte, pero ustedes los judíos dicen que el lugar donde debemos adorar está en Jerusalén."

El siervo de Dios que de verdad busca comunión con Dios, sabe claramente, que la comunión con Dios solo se puede encontrar en el interior de Su Espíritu. El fuego de Dios no viene de afuera, este fuego se manifiesta adentro del ser humano y luego se manifiesta hacia fuera.

A veces he platicado con personas que están buscando un rompimiento espiritual, o un avivamiento en su vida personal, pero siempre dicen: *"Pastor, yo de verdad deseo cambiar y servirle a Dios. Pero, la iglesia a donde asisto no da enseñanza de la que necesito. No me gusta el ambiente, no me gusta la predicación y enseñanza que dan; tampoco me gusta la música por que es muy fuerte el sonido y me duelen los oídos, etc."* ¿Cuántos han escuchado tantas excusas para no ser avivados?

Instrucciones Para Una Adoración Verdadera

Si usted como siervo o sierva del Señor de verdad esta buscando una reformación espiritual en su vida, escuche esta instrucción:

1. No importa el ambiente donde usted se encuen tra presente, esto de verdad no tiene nada
  que ver con la adoración en Espíritu y verdad.

2. De gracias a Dios por el apetito espiritual
  que siente en su ser.

3. Humíllese delante de Dios y pídale al Señor que lo invite a la dimensión donde El esta.

4. Cuando usted pueda adorar a Dios en Espíritu y en verdad no importando donde se encuentre o en que ambiente usted esté – usted podrá experimentar lo que es la adoración y también entenderá lo que es hacerlo en Espíritu y en verdad.

¡Algo Tiene Que Cambiar!

Apuntes:

Capítulo 5

¡Posicionado Para Poder Escuchar a Dios!

"Entonces el Señor se le acercó y lo llamó de nuevo: — ¡Samuel! ¡Samuel! — Habla, que tu siervo escucha —respondió Samuel." (1 Samuel 3:10)

Por años he escuchado a muchos discípulos del Señor decir, "¡Dios nunca me habla a mí!" O también los he escuchado decir, "¡Creo que Dios, solo les habla a ciertas personas especiales!" De que Dios comunique mensajes especiales a ciertas personas, pueda que si sea cierto; pero no solamente a personas especiales les habla, si no que a todo seguidor de Jesus también.

¡Fuera de Sintonía!

Escuchar a Dios es mas que nada, una actitud de corazón y disciplina. Dios quiere comunicar revelación fresca siempre a Sus siervos, pero los siervos de Dios muchas veces no están en sintonía con Su Espíritu.

Muchos le decimos a Dios que lo amamos, pero la verdad, no hemos tomado el tiempo para poner atención a lo que El nos esta diciendo.

Cuando no hay sintonía para con Dios, uno tiende a no poner atención a lo que Dios de verdad quiere decirnos.

Buscando la sintonía con Dios es algo practico y simple de hacer. Cualquier persona que camine con el deseo de escuchar a Dios lo puede oír. Cuando la persona se sintoniza con el Espíritu de Dios, la revelación empezará a bajar del cielo, y la revelación llegará.

Algo muy importante aquí es la actitud de corazón hacia Dios. Muchas veces se encuentra en nosotros ciertos pensamientos que están fuera de los pensamientos de Dios; a veces hay pecados escondidos; a veces hay rebeldía encajada profundamente en nuestro ser y debe ser quitada con la sangre del Cordero de Dios.

Después de limpiar nuestras manos y purificar nuestras mentes, estaremos listos para escuchar.

Como Sintonizarse y Afinarse Con Dios

Veamos como una persona se puede sintonizar con la voz de Dios y luego afinar los pensamientos de Dios para poder alinear sus vidas después y vivir eficazmente para con Dios.

El primer paso para sintonizarse es el de quitar toda idea preconcebida de la mente y del corazón. Esto se puede hacer en oración diciéndole a Dios, *"Señor, quito toda idea preconcebida que hay en mi mente; y limpia también mi corazón de cosas erróneas que han quitado o robado mi paz."* Todo pensamiento que no viene de ti, que no nació de ti, lo quito de mi vida." Amen.

Después de hacer esta oración, el acceso a Su trono esta abierto. Ahora la revelación puede fluir libremente y empezar esta obra en nosotros.

Después de escuchar su voz, abra necesidad de afinar lo que escuchamos. La afinación se hace cuando hacemos ciertas preguntas a Dios. Cuando Dios te hable, pregunta los siguiente:

1. ¿Esta revelación es para mí vida, mí familia, negocio o ministerio? ¿Si esta palabra no es para mi, entonces para quien?

2. ¿Qué es lo que debo hacer exactamente con esta revelación?

3. ¿Cuándo debo de hacer esto que me pides Señor? ¿Hoy? ¿Mañana? ¿La próxima semana o mes? Etc.

4. Finalmente, haga apunte de todo lo que Dios le ha dicho y póngale fecha.

Apuntes:

Capítulo 6

¡Un Corazón Rendido!

"Un día en que Moisés estaba cuidando el rebaño de Jetro, su suegro, que era sacerdote de Madián, llevó las ovejas hasta el otro extremo del desierto y llegó a Horeb, la montaña de Dios. Estando allí, el ángel del Señor se le apareció entre las llamas de una zarza ardiente. Moisés notó que la zarza estaba envuelta en llamas, pero que no se consumía, así que pensó: «¡Qué increíble! Voy a ver por qué no se consume la zarza». Cuando el Señor vio que Moisés se acercaba a mirar, lo llamó desde la zarza: —¡Moisés, Moisés! —Aquí me tienes —respondió. —No te acerques más —le dijo Dios—. Quítate las sandalias, porque estás pisando tierra santa." (Éxodo 3:1-5)

Muchas veces decimos que nuestros corazones están rendidos a Dios – pero la verdad es que no están rendidos come Dios desea. La verdadera prueba llegará cuando Dios nos pide algo de gran costo, es decir que nos cueste mucho; entonces nos daremos cuenta de nuestro verdadero rendimiento.

El verdadero rendimiento a Dios, no se hace con palabras y con promesas. El verdadero rendimiento solo se puede hacer a través de revelación de Dios. El siervo de Dios, primero que nada, debe tener un encuentro con Dios y verle a Dios, ¡cara a cara!

La historia de Moisés nos habla de una gran revelación de Dios para con el. Fue Dios el que le llamó a Moisés desde en medio de una zarza y le pidió que se quitara las sandalias. Inicialmente, lo que Dios le pidió a Moisés no parecía gran cosa; pero luego, nos damos cuanta de los verdaderos hechos de este encuentro. Dios no quería ningún terreno natural; Dios buscaba el terreno del corazón de Moisés.

Rindiendo los Derechos Personales

Cuando Dios le pidió a Moisés que se quitara las sandalias, lo que Dios en realidad estaba pidiendo, era, que Moisés entregara todo su territorio donde el moraba o donde sus pies solían pisar. La invitación era que Moisés entrara a tierra santa, o sea, a la dimensión de Dios.

¡Algo Tiene Que Cambiar!

El quitar las sandalias en la cultura hebrea, significaba el rendir de los derechos del terreno donde una persona vivía. Cuando se vendía una propiedad, la transacción incluía que el dueño original, entregara el titulo, y también, se quitara las sandalias como señal de que el, ya no iba a pisar ese terreno. Pues ya no era de el.

Rendir nuestro corazón a Dios es imposible hacerlo cuanto tratamos de agradar al hombre. ¡Es imposible! El corazón solo se puede rendir a Dios, cuando la persona ve a Dios ¡y no antes!

Cuando experimentamos lo que Moisés experimentó – solo así, podremos hacer o tomar decisiones que traigan consecuencias eternas.

Preguntas Para Una Reformación Espiritual

1. ¿Has rendido tu corazón a Dios a través de una experiencia sobrenatural?

2. ¿Si te ha sucedido esto, que exactamente fue

lo que Dios te pidió?

3. Moisés se quito las sandalias y Dios lo usó en grande - ¿Te has quitado tus sandalias en la presencia de Dios?

¡Algo Tiene Que Cambiar!

Apuntes:

Capítulo 7

¡Nada Bueno en Mí!

"Yo sé que en mí, es decir, en mi naturaleza pecaminosa, nada bueno habita. Aunque deseo hacer lo bueno, no soy capaz de hacerlo." (Romanos 7:18)

Me gustaría empezar este capitulo diciendo que, no hay nada mas cierto, que esta frase encontrada aquí en el libro de Romanos 7:18. La persona que crea que en su ser existe algo bueno, algo digno o algo valioso sin Dios – es obstinado y no sabe nada de lo que debe saber.

Por tan bueno que una crea que es, ¡no lo es! Este hecho se ha confirmado una y otra vez en la vida del ser humano. La imperfección sigue al ser humano hoy, y lo seguirá siguiendo hasta el día de su muerte. Así fue diseñado el hombre después de su fracaso mortal.

Después de la caída de Adán y Eva, el hombre quedo destituido de la gloria de Dios y lleno de imperfecciones en su alma. Es mas, el hombre que había caído después de su experiencia en el jardín del Edén, nunca se pudo recuperar de la gran perdida sufrida ahí. Desde ese punto en delante, el hombre se la pasó vagando por la vida buscando significado reformación espiritual sin tener forma de como obtenerla.

El hombre estaba caído y no había la habilidad en el, de restaurarse por si mismo. O sea, lo que el hombre necesitaba para ser restaurado, tenia que venir de otro lado. Por eso tenemos el amor de Dios desplegado en la tierra a través de Jesucristo, el Cordero de Dios que quita el pecado del mundo.

Ahora el hombre en su naturaleza carnal solo sabe pecar. El no tiene la habilidad de ser bueno, de cambiar su forma de ser, de arraigar su egoísmo, de limpiar su culpa y quitar su vergüenza; lo mejor que el hombre pueda hacer en sus propias fuerzas es tratar de hacer buenas obras, pero todas sus buenas obras no significan nada para Dios, si esta persona no ha sido perdonada y lavada en la sangre del Cordero de Dios.

Cuando nosotros como seres humanos lleguemos al punto de

entender esta realidad y reconocer que así como el Apóstol Pablo dijo, "Yo sé que en mí, es decir, en mi naturaleza pecaminosa, nada bueno habita," entonces entenderemos nuestra gran necesidad de permitir que Dios sea ¡el todo en todo!

Cualquier reformación espiritual necesita entender esta realidad, pues sin ella, uno no podrá encontrar reforma espiritual.

Preguntas Para Una Reformación Espiritual

1. El egoísmo del hombre siempre es la causa de mucho dolor en nuestras vidas. ¿Has dejado que tu egoísmo manipule tu vida?

2. Si acaso has caído en la trampa de creer que tú eres la causa de tu éxito – ¿Qué es lo que has hecho para salir de esta mentira?

3. El Apóstol Pablo dijo que en el no habitaba nada bueno. El hablaba de la naturaleza pecaminosa. Todas sus buenas obras, por tan buenas que fueran, no agradaban a Dios.

Tal ves el hombre fue bendecido por una gran obra de Pablo, ¡pero no Dios!

Apuntes:

Parte II

"¡Ay de mí!
Porque perdido estoy,
pues soy hombre
de labios inmundos."

Capítulo 8

¡Sensibilidad Hacia Al Espíritu Santo!

"Atravesaron la región de Frigia y Galacia, ya que el Espíritu Santo les había impedido que predicaran la palabra en la provincia de Asia. Cuando llegaron cerca de Misia, intentaron pasar a Bitinia, pero el Espíritu de Jesús no se lo permitió. Entonces, pasando de largo por Misia, bajaron a Troas. Durante la noche Pablo tuvo una visión en la que un hombre de Macedonia, puesto de pie, le rogaba: «Pasa a Macedonia y ayúdanos». Después de que Pablo tuvo la visión, en seguida nos preparamos para partir hacia Macedonia, convencidos de que Dios nos había llamado a anunciar el evangelio a los macedonios." (Hechos 16:6-10)

El profeta Isaías se vio en la luz de la eternidad de Dios. Primero vio al Señor, y luego se vio a el mismo. Lo que vio, no le pareció algo agradable a Dios; no se sintió digno de estar en la presencia de Dios.

En este capítulo me quiero enfocar en lo que es sentir lo que Dios siente. Ver lo que Dios ve, y sentir la carga que Dios trae en Su corazón.

Cuando Isaías se vio en la luz de Dios, lo impacto tanto que dijo, "Ay de mí." ¿Por qué dijo esto? Y ¿Por qué sintió tanta convicción sobre su impureza personal?

Esto pasara siempre en nuestras vidas cuando lleguemos a un alineamiento con Dios. Veremos nuestra condición espiritual y que tan lejos estamos de lo que Dios espera de nosotros.

También llegaremos a un conocimiento mas personal de cosas que Dios espera de Sus seguidores, incluso, la tarea que Dios tiene para Sus siervos también aparecerá en esta luz.

¡No Todo Lo Que Sentimos es Dios!

Muchas personas no tienen este entendimiento del que estoy compartiendo aquí, y tal ves vean este capitulo como algo extremo. Pero la verdad de todo esto, es que no todo lo que una persona siente – es o viene de Dios.

El Apóstol Pablo, lleno de celo por Dios y por la obra de Dios, quería predicar el evangelio en áreas marginadas y necesitadas de este evangelio de gloria. Por tan grande que fuera la necesidad en el corazón del Apóstol Pablo, Dios no simpatizaba con esta necesidad.

Yo se que a veces pensamos que Dios no entiende o ve la necesidad; pero mis amados, sabemos que Dios todo lo sabe, y que, si por una razón Dios no quiere que hagamos algo, es por una razón que después él nos la revelará.

Debemos descansar en esta realidad tal y como lo hizo el Apóstol Pablo cuando el Espíritu Santo les impidió que predicaran en la región de Asia.

La sensibilidad al Espíritu Santo debe ser una de las primeras reglas que debemos abrazar pues el discernimiento a lo que Dios quiere, es el primer paso para la persona que ha entrado a una reformación espiritual.

Preguntas Para Una Reformación Espiritual

1. En tu experiencia personal con Dios, ¿has visto

al Señor y sentido lo que El siente?

2. ¿Puedes diferenciar lo que es de Dios y lo que es algo carnal?

3. ¿En un tiempo en tu vida, te ha impedido Dios hacer algo, o tomar pasos hacia algo que El no quería para ti?

Apuntes:

Capítulo 9

¡Lo Que Dios Diga Siempre Será la Orden Divina!

"Moisés hizo todo tal y como el Señor se lo mandó." (Éxodo 40:16)

"Así terminó Moisés la obra. En ese instante la nube cubrió la Tienda de reunión, y la gloria del Señor llenó el santuario. Moisés no podía entrar en la Tienda de reunión porque la nube se había posado en ella y la gloria del Señor llenaba el santuario." (Éxodo 40:33-35)

Juntamente con una sensibilidad hacia al Espíritu Santo, el siervo de Dios debe aprender ha escuchar la voz de Dios con claridad, certeza, y urgencia. No es suficiente que Dios nos hable, y no responder de ninguna forma. Cuando Dios nos habla, debe haber movimiento de nuestra parte.

El Patrón

En la mente de nuestro Dios, siempre hay una intención. Ya sea que nos comunique Su sentir, nos instruya en ciertas áreas de nuestra vida, o nos enseñe algo nuevo para poner en practica.

Cuando Dios manifiesta Su presencia en nuestras vidas, algo, a lo que debemos estar atentos, es al detalle de lo que nos dice Dios. El Espíritu Santo, no nos habla en misterios; El es claridoso y puntual. Lo que Dios desea de nuestras vidas, será dicho; y el tiempo de cuando Dios necesite esta tarea terminada, también será revelada a nuestros corazones.

Ya que recibimos el patrón directamente de Dios en nuestro hombre interior, o sea, en la profundidad de nuestro corazón, estaremos listos para marchar con estas órdenes.

¡Los Pensamientos de Dios Son Otros!

Muchas veces, nosotros tendemos pensar que ya sabes lo que Dios desea. La verdad es que no tenemos la menor idea de lo que significa hacer lo que Dios pide, hasta que El, no revele primero.

Nuestros pensamientos por tan buenos que sean, o tan sabios que suenen, Dios no está interesado en escucharlos.

La mejor postura para cada siervo de Dios es esperar en Su presencia para recibir Sus ordenes. Esperar y esperar en Dios hasta que llegue la orden, es el arte de recibir estrategia para avanzar.

¡Habrá Resultados!

La Biblia nos dice claramente que después que Moisés atendió e hizo todo lo que Dios le había ordenado, la gloria de Dios descendió en el tabernáculo. Escuche esto: **"Así terminó Moisés la obra. En ese instante la nube cubrió la Tienda de reunión, y la gloria del Señor llenó el santuario."**

Al madurar en las cosas del Señor, uno aprenderá que es la presencia de Dios, la que destaca una vida cristiana. Caminar bajo la unción del Espíritu Santo es el llamado de toda persona que ha sido lavada en la sangre del Cordero.

Cuando ponemos atención a lo que Dios nos pide en nuestra

vida personal, si obedecemos lo que Dios nos dice, aunque nadie vaya con nosotros o nadie quiera apoyarnos - Dios honrará nuestro sacrificio de obediencia, y ¡manifestara Su gloria en nosotros y a través de nosotros!

Preguntas Para Una Reformación Espiritual

1. ¿Puedes recordar la ultima vez que Dios te dio instrucción personal para algo?

2. Los patrones de Dios son personales. Hacen un cambio en nuestra forma de pensar y luego se manifiesta a través de nuestras vidas. Es así como Dios recibe la gloria, a través de nuestra obediencia. ¡Busca esto!

3. La obediencia al patrón de Dios siempre trae resultados a nuestras vidas. Aprende a caminar en este nivel.

Apuntes:

Capítulo 10

¡Examíname Oh Dios!

"Examíname, oh Dios, y sondea mi corazón;
ponme a prueba y sondea mis pensamientos.
Fíjate si voy por mal camino,
y guíame por el camino eterno." (Salmo 139:23-24)

En esta segunda parte de este libro, cuando el Profeta Isaías vio a Dios, fue conmovido en Su interior por esta gran presencia de Dios, empezó a ver Su vida a través de los ojos de Dios y todo cambio para el después de esto.

Los mismo sucederá en nosotros cuando veamos a Dios – nuestros ojos espirituales serán abiertos y nuestro corazón se encenderá con pasión y celo por las cosas del reino de Dios.

Lo mismo había experimentado el Rey David. Ungido por Dios desde una edad muy temprana, y juntamente con un corazón de fe, David caminaba en el temor de Dios. No solo cuando había adoración en el templo, pero todos los días de

Su vida. Esto lo hacia a el diferente a todos sus contemporáneos.

En el Salmo 139, en los versículos 23 y 24, David hace un clamor a Dios y le dice, **"Examíname Oh Dios, y sondea mi corazón..."**.

No cualquier persona se expone así delante de Dios, pero el Rey David no quería que hubiera ningún estorbo entre el y Dios. David le pedía a Dios que hiciera todo lo necesario para que no hubiera obstáculos separándole de Jehová Dios.

En la misma escritura, David le dice a Dios, **"sondea mis pensamientos."** ¿Qué significa esto? ¿Qué es sondear? Veamos.

La palabra sondear significa averiguar, en el diccionario moderno de lengua española. En el diccionario bíblico / hebreo de las escrituras, la palabra hebrea es yada, - la cual significa familiarizar; descubrir, o conocer.

Lo que David le pedía a Dios, era una sondeada en su corazón, su mente y en sus acciones. ¡David no quería equivocarse en cuanto a complacer a Dios!

Uno de los toques especiales de Dios en nosotros, es la revelación de vivir vidas santas delante de El. Cuando Dios hace esta obra especial en nosotros, empezamos a cambiar cosas en nuestras vidas que no nos llevan a complacer a Dios. Esto lo hacemos sin que nadie no lo diga.

Un avivamiento en nuestro ser es lo que necesitamos para alinearnos con los propósitos de Dios para con nosotros.

Cuando experimentamos una reforma espiritual en nuestras vidas, el fuego de Dios empezará ha consumir nuestro ser. Si en nosotros hay el deseo de conocer la verdad, la conoceremos. Solo así, seremos libres para experimentar mas de Dios en nuestras vidas.

Preguntas Para Una Reformación Espiritual

1. ¿Le has pedido a Dios, que haga una sondeada en tu corazón? Esto no es fácil de hacer, ya que Dios buscará en lo mas profundo de nuestro ser cualquier estorbo que no nos ayude llegar

a la santidad que El pide.

2. ¿Le has pedido a Dios, que haga una sondeada en tu mente? ¿Cuáles son tus pensamientos, son puros? ¿Tus motivos, son puros?

3. ¿Le has pedido a Dios, que haga una sondeada en tu conducta, tus acciones en secreto y en publico?

Apuntes:

Capítulo 11

¡Un Arrepentimiento Verdadero!

"Por tanto, arrepiéntanse y conviértanse, para que sus pecados sean borrados, a fin de que tiempos de alivio vengan de la presencia del Señor..." (Hechos 3:19)

Algo que he visto y que yo siento que ha determinado el futuro de muchos discípulos de Dios, es el tema del arrepentimiento, – ¡un arrepentimiento verdadero!

Arrepentirse por estar fuera de la voluntad de Dios sería el primer paso hacia una reformación espiritual. Es mas, creo, que seria imposible realizar una reformación espiritual a nivel personal, si acaso, la persona no se arrepiente de corazón.

Muchos dicen y claman haber hecho una oración de fe para ser salvos; pero la oración hecha en fe, me temo que no fue hecha en fe que proviene del corazón, si no solamente fue algo mental. ¿Por qué digo esto? Por que no se ha ido la disposición de seguir pecando.

Veamos como se ve, un arrepentimiento verdadero.

Para empezar, ¿que significa arrepentir o arrepentirse? Arrepentir en el idioma original griego, significa cambiar tu forma de pensar y abrazar el punto de vista de otra persona. También significa llegar a una diferente opinión. Finalmente, también significa cambiar tu forma de sentir.

Cuando una persona tiene un encuentro con la Verdad (Jesucristo es la Verdad,) la persona experimentará estos elementos escritos a qui. Su forma de pensar, sentir, y su opinión de quien es Dios, cambiara por completo. La persona ya no tendrá excusa y decir, "Yo no sé nada de Dios y lo que El quiere de mí." Cuando el Espíritu Santo llega con gran convicción en el corazón de aquella persona que no conoce a Dios, la persona queda sin excusa alguna.

Una Característica del Arrepentimiento Verdadero

Una de las características mas fuertes en una persona que de verdad se arrepiente de sus pecados, es la perdida de la disposición de seguir pecando contra Dios. Cuando la persona recibe a Cristo Jesus, la persona ve por primera vez, cuanto daño le ha causado a Dios; también entenderá que sus pecados fueron los que pusieron a Jesucristo en la cruz.

Es aquí, cuando una persona dice, ¡Jamás volveré a vivir esta vida pecaminosa!

Mis hermanos, si una persona no ha perdido el deseo de pecar, o la disposición de seguir en pecado, – esta persona no se ha arrepentido verdaderamente.

Preguntas Para Una Reformación Espiritual

1. ¿Te has hecho la pregunta en un tiempo si de verdad te has arrepentido de corazón a punto de que odios tu pecado? Cada vez que recuerdas el daño que te causó, te da un cierto coraje por haber vivido ese tipo de vida. Esta seria una buena característica de un arrepentimiento verdadero.

2. Muchas personas se arrepienten por diferen-

tes motivos: Unos por culpa, otros por vergüenza, y otros por quedar enfermos. Pero el motivo mas poderoso para arrepentirnos es de que, como seres humanos, estamos destituidos de la gloria de Dios. El saber que estamos fuera de la voluntad de Dios nos debe hacer correr hacia El.

3. Finalmente, la disposición de querer seguir pecando es una señal muy fuerte de que no hemos entrado a Su reino. Cuando la disposición ya no se encuentre en nuestras mentes y corazón, entonces, ¡seremos libres!

¡Algo Tiene Que Cambiar!

Apuntes:

Capítulo 12

¡Crucificando Tu Naturaleza Pecaminso Diariamente!

"Los que son de Cristo Jesús han crucificado la naturaleza pecaminosa, con sus pasiones y deseos." (Gálatas 5:24)

He aquí una de las mas potentes verdades bíblicas escritas por el Apóstol Pablo en cuanto a la naturaleza pecaminosa. Lo que es, lo que debe hacer el cristiano con ella, y el futuro, si uno entra a este tipo de vida en Cristo.

Para empezar, permítame reiterar lo que el Apóstol Pablo nos dejó escrito en Gálatas 2:20: **"He sido crucificado con Cristo, y ya no vivo yo, sino que Cristo vive en mí. Lo que ahora vivo en el cuerpo, lo vivo por la fe en el Hijo de Dios, quien me amó y dio su vida por mí."**

En esta primera escritura, el Apóstol Pablo, nos habla de los hechos de una persona que ha tenido un encuentro con Dios.

La persona que se ha encontrado con Dios entiende lo siguiente:

1. Esta juntamente crucificada con Cristo. O sea, así como Cristo fue colgado en una cruz, el siervo de Dios también lo ha hecho, pero no literalmente, si no figurativamente. El siervo a entregado todo su corazón y mente al Señor Jesus.

2. El segundo punto es cuando Pablo dice, "...y ya no vivo yo...". Esta declaración es muy reveladora, ya que el Apóstol Pablo, nos dice que "el" ya no vive o ya no existe, mas Cristo es el que ahora dicta su vida. Esto está muy bien explicado.

3. La vida desde este encuentro con Jesucristo será vivida por fe. El Espíritu de Dios estará dirigiendo la vida del apóstol Pablo desde este punto en delante, y se tomará fe para caminar ha este nivel con Dios.

Ahora veamos la siguiente escritura en luz de lo que acabamos de leer o estudiar.

Dice aquí, **"Los que son de Cristo Jesús han crucificado la naturaleza pecaminosa, con sus pasiones y deseos."**

Una vez mas nos encontramos con los hechos:

"Los que son de Cristo Jesus han crucificado la naturaleza pecaminosa." Lo que este verso nos desafía hacer, es realizar y preguntarnos en lo personal, si ¿hemos crucificado nuestra naturaleza pecaminosa? Esta parte del cristianismo, nadie la puede hacer por mi. Esta parte me toca a mi como siervo de Dios que ha decidido seguir a Cristo.

Si no he crucificado mi naturaleza pecaminosa, mi vida siempre estará atada a mis pasiones y deseos carnales. Siempre viviré con obstáculos en mi vida, ya que mi carne [naturaleza pecaminosa] siempre estará sometida a las leyes de esta vida.

Nunca podre ser libre de ninguna maldición, trampa, o mentira del enemigo, ya que mi carne [naturaleza pecaminosa] se ha convertido en la casa de Satanás.

Preguntas Para Una Reformación Espiritual

1. ¿Entiendo lo que significa, estar juntamente crucificado con Cristo? ¿Puede explicar a otras personas este significado?

2. ¿Entiendo lo que significa, ya no vivo yo, mas Cristo vive en mi?

3. Finalmente, ¿estoy caminando en el Señor, por fe, y no por lo que vea o sienta?

Apuntes:

Capítulo 13

¡Siempre Hago Lo Que Le Agrada!

"Ellos no entendieron que les hablaba de su Padre. Por eso Jesús añadió: —Cuando hayan levantado al Hijo del hombre, sabrán ustedes que yo soy, y que no hago nada por mi propia cuenta, sino que hablo conforme a lo que el Padre me ha enseñado. El que me envió está conmigo; no me ha dejado solo, porque siempre hago lo que le agrada." (San Juan 8:27-29)

Una de las características de una persona avivada y que ha entrado a una reformación espiritual recibe un deseo de agradar a Dios. Este deseo es único ya que muchos no han podido captarlo.

Me he encontrado con muchos creyentes que ven esto como una forma extrema de vivir. Lo encuentran difícil creer que Dios pueda llamar a una persona a servirle de tal modo, así como lo hizo Jesucristo con el Padre celestial.

Deje le digo, cuando una persona es tocada por Dios, hay una pasión transferida a dentro de la persona que no se puede encontrar en ningún otro lado y también un celo por querer caminar con el propósito y la intención de agradar a Dios en todo.

Si usted tiene esa pasión en un nivel fuerte, entonces usted ha sido tocado/a por Dios en una forma especial. Especial seria la palabra para describir la experiencia, ya que Dios tocará a la persona con el propósito de enviarla a predicar y ministrar en Su nombre.

¡No Haga Nada Por Mi Propia Cuenta!

Vea la actitud de Jesucristo aquí. Algo que notar de nuestro Señor y Salvador, es que el no vino a la tierra para hacer Su propia voluntad. No vino a promover Su propio reino, iglesia, organización o grupo de oración. Es mas, Jesus no vino a iniciar nada que no viniera de la mente de Su Padre.
La idea de Jesus y porque el Padre lo envió es clara: vino a la tierra para re-introducir el reino de Dios a sus oyentes. La idea de que Dios tenia mucho mas para Sus vidas se les presento;

esto no era la idea de Jesus, esto era idea del Padre y Jesus solo obedeció.

Ahora, entiéndame bien, no estoy diciendo que usted no puede llevar a cabo sus propios planes – ya que uno puede hacer lo que le plazca. Pero si debe saber, que Dios, si tiene una relación especial con todos Sus siervos los que han sido tocados por El.

La relación de la que hablo es intima y Dios usa esta intimidad para compartir Sus secretos con aquellos que han escogido tomar el desafío de ser amigos de Dios.

De esta relación íntima, también nace el deseo de hacer sólo lo que el Padre desea y no mas y no menos. Suena un poco extremo, pero así lo manda Dios.

El caminar a este grado de intimidad es para todos, aunque no todos, han escuchado el clamor de Dios cuando nos invita a la mesa.

Preguntas Para Una Reformación Espiritual

1. Dios nos ha llamado a caminar en otro nivel espiritual – sólo los que escuchan Su voz lo podrán hacer. ¿En que nivel te encuentras tu?

2. El encuentro con Dios es necesario para una reformación con Dios. ¿Qué tan grave es tu necesidad de vivir para Dios?

3. La intimidad con Dios significa muchas cosas para muchas personas. ¿Qué significa para ti estar en intimidad con Dios?

¡Algo Tiene Que Cambiar!

Apuntes:

Capítulo 14

¡Caminando en el Temor de Dios!

"El temor del Señor es el principio del conocimiento; los necios desprecian la sabiduría y la disciplina." (Proverbios 1:7)

Caminar en el temor de Dios simplemente significa, poner los pensamientos de Dios primero o como prioridad en nuestras vidas, y luego aplicarlos en todo lo que hagamos. Es necesario tener esta revelación bien clara en nuestro ser antes de tratar de hacer cualquier decisión de sumo valor en nuestras vidas.

Por supuesto que todo podemos hacer decisiones si así lo deseamos; sabemos que Dios nos ha dado libre albedrío para tomar y hacer decisiones basadas en nuestras convicciones. Mi pregunta entonces es o seria, "¿Acaso todo lo que hay en mi para llevar a cabo, o lograr, es aceptable a Dios? Esta es una buena pregunta ya que todos vivimos en un mundo de acción y queremos lograr grandes cosas.

Poniendo el Temor de Dios Por Obra

Deje le presento unas preguntas muy importantes - ¿Cuándo aplica el temor de Dios? ¿Acaso hay un tiempo donde uno tome la decisión de decir, "¿Aquí necesito aplicar el temor de Dios? La respuesta, en mi opinión, seria, – Hay que aplicar el temor de Dios en todo lo que hagamos. En todo pensamiento, en toda palabra hablada, en toda acción tomada, en toda decisión, y en toda aplicación de nuestra vida (hablando de nuestra vida personal, dentro de un matrimonio, con la familia, en el trabajo o carrera, etc.)

Viendo las cosas desde el punto de Dios, seria caminar en el temor de Dios. Ahora muchos tal ves no estarían de acuerdo con mi punto de vista, pero créame, yo he vivido lo suficiente para poder ver y entender lo que caminar en el temor de Dios no es.

Todo Se Me Es Permitido

En la carta a los Corintios en el capitulo 6, el Apóstol Pablo hace unas declaraciones muy impactantes y dice, **"Todo me** está permitido, pero no todo es para mi bien. Todo me está permitido, pero no dejaré que nada me domine."

He escuchado a muchos cristianos usar estos versos cuando están buscando excusas para desobedecer sus consciencias. Es muy interesante cuando una persona anda buscando excusa para pecar contra Dios - torcerá las escrituras, desobedecerá la voz de Dios, o tomará una postura de victima.

Ahora bien, el Apóstol Pablo dice claramente, **"Todo me está permitido, pero no todo es para mi bien."** Básicamente, el Apóstol Pablo esta diciendo, **"Yo puedo hacer lo que yo quiera si así lo deseo...lo único es que no todo me conviene o no todo me será favorable."**

Una persona puede vivir como tal desea, pero si esa misma persona aplica el temor de Dios, su consciencia empezará a dirigirles. ¿Me explico? Es por esta razón que uno no se puede confiar en sus propios pensamientos o ideas.

Cuando una persona experimenta una reformación espiritual, una de las primeras cosas que se instala por Dios en el, es el temor de Dios. Una nueva y fresca reverencia a Dios.

Preguntas Para Una Reformación Espiritual

1. ¿Puedes discernir cuando el temor de Dios esta sobre tu vida y cuando no?

2. ¿Has tomado decisiones sin el temor de Dios sobre ti? ¿Cuál fue el resultado?

3. En cuanto a las cosas permitidas: ¿Has tomado decisiones dándole el contra a tu consciencia? ¿Cuál fue la consecuencia?

Apuntes:

Parte III

"Y oí la voz del
Señor que decía:
¿A quién enviaré,
y quién irá por nosotros?
Entonces respondí:
Heme aquí;
envíame a mí."

Capítulo 15

¡Sumisión a Dios!

"**Pero él nos da mayor ayuda con su gracia. Por eso dice la Escritura:**
   «Dios se opone a los orgullosos,
   pero da gracia a los humildes».
Así que sométanse a Dios. Resistan al diablo, y él huirá de ustedes." (Santiago 4:6-7)

Cuando hablo de la persona que camina en sumisión a Dios, lo que de verdad estoy tratando de describir, es una persona que no solo ha visto a Dios, pero se ha visto así misma, y ahora esta persona, puede ver la gran comisión que Dios tiene para el o para ella.

Permítame describirle en parte, lo que yo creo que una persona que ha sido reformada en lo espiritual hace diferente en comparación a otra que no ha despertado a la pasión de Dios. La sumisión a Dios trae al siervo de Dios, a un lugar donde el aprende a esconderse detrás de Dios. Colosenses 3:2-3, nos dice, "Concentren su atención en las cosas de arriba, no en las de la tierra, pues ustedes han muerto y su vida está escondida con Cristo en Dios."

Cualquier persona creería que este es automático; que una vez ya que la persona se entregue a Dios, todo cambiará. La verdad es que nada cambiará, hasta que la persona reconozca sus errores pecaminosos y cambie su forma de vivir. Para esto se necesita una reformación espiritual dentro del hombre.

La sumisión también trae al siervo de Dios a un lugar donde el entiende que es Dios, a través de Su Espíritu, el que dirige nuestras vidas.

Muchas veces, los discípulos del Señor tienden a caminar por donde es mas conveniente; pero los verdaderos siervos de Dios, aquellos que han entrado a una reformación espiritual, no piensan así. Es mas, sus deseos son de agradar a Dios en todo. ¡No se atreven a ir mas delante de lo que Dios pide! Esperan el liderazgo del Espíritu Santo.

La sumisión a Dios nos causa creer que todo lo que Dios nos

dice, es la verdad.

Cuando un siervo experimenta una renovación o reforma espiritual, un apetito por creerle a Dios todas Sus palabras, nace. Ya no trata el siervo que es sumiso, darle contras a Dios. He aquí un corazón sumiso.

La sumisión a Dios enseñara al siervo de Dios, poner a Dios primero en todo. El siervo de Dios reconocerá que la voluntad del Padre va primero en todo. Cada decisión, cada acción, y cada palabra, estarán bajo las ordenes del Espíritu Santo.

Finalmente, la sumisión a Dios significa que yo como siervo de Dios, mi opinión, ya no cuenta para nada.

Desde este punto para delante en vida, anhelo lo que Dios quiere, ya no seré yo primero mientras Dios viva en mi. Esta reformación espiritual se encargará de alinear mis decisiones y el camino por donde camine.

Preguntas Para Una Reformación Espiritual

1. Define lo que significa la sumisión hacia Dios para ti.

2. ¿Cuándo fue la ultima vez que tuviste un encuentro con Dios, de modo, que aprendiste la sumisión para con El?

3. La Biblia usa la idea de estar bajo de un paraguas al estar bajo la sumisión de Dios. El paraguas nos protege de la lluvia, así mismo, el paraguas de Dios nos protege del enemigo. ¿Te sientes protegido en tu vida?

Apuntes:

Capítulo 16

¡Obediencia a Cualquier Costo!

"Llevábamos allí varios días cuando bajó de Judea un profeta llamado Ágabo. Este vino para vernos y, tomando el cinturón de Pablo, se ató con él de pies y manos, y dijo:
—Así dice el Espíritu Santo: "De esta manera atarán los judíos de Jerusalén al dueño de este cinturón, y lo entregarán en manos de los gentiles".
Al oír esto, nosotros y los de aquel lugar le rogamos a Pablo que no subiera a Jerusalén.
—¿Por qué lloran? ¡Me parten el alma! —respondió Pablo—. Por el nombre del Señor Jesús estoy dispuesto no solo a ser atado, sino también a morir en Jerusalén." (Hechos 21:10-13)

Obediencia bajo una reformación espiritual, es obediencia vivida al mas alto nivel. Muchos obedecemos a Dios, hasta el punto donde nos empieza a costar algo significante – ¡y luego dejamos de obedecer!

Cualquier persona puede decir, "Yo le sirvo a Dios y le obedezco." Pero permítame aclarar este tipo de obediencia: ¡Esta es una obediencia reservada! Reservada en el sentido que no es conveniente seguir mas afondo, "No sea que nos cuesto mucho mas de lo que pensábamos," dicen algunos.

El Patrón de la Obediencia Según el Apostol Pablo

El Apostol Pablo, según las escrituras, era un hombre extremadamente educado, religioso, y de alto estatus. Este hombre, dice la biblia, era celoso por las cosas de Dios – siempre y cuando la enseñanza fuera basada en la ley de Moisés.

Después de su gran conversión al cristianismo, el Apostol Pablo se volvió celoso por Cristo y su iglesia. Avanzar el evangelio donde no hubiera testimonio, era su meta. Capacitar obreros, abrir iglesias, y avanzar en el evangelio con poder – era su llamado.

Saulo de Tarso ahora Pablo el Apóstol, no era un hombre que temía a nadie, como podemos ver en las escrituras. No tenía miedo a nada y a nadie, ni antes de su conversión ni después de conocer a Cristo.

El Apóstol Pablo estaba centrado en la idea de que solo tenemos una vida para vivir. Si no la aprovechamos, ¡nunca lograremos algo significante!

Obvio que cuando Saulo de Tarso vivía para los Fariseos, y servía en la sinagoga, era muy dedicado. Era uno de los mejores obreros que satanás tenia. Se puede decir que cuando Saulo vivía para satanás, ¡el hacia las obras de satanás! ¡Ahora que Saulo se convirtió al cristianismo, y su nombre fue cambiado a el Apostol Pablo y empezó a vivir para Jesucristo su Señor, ahora quería hacer las obras de Jesus! ¿Me explico?

¡Avanzad a Todo Costo!
Cuando el Profeta Ágabo le profetiza que le esperaban grandes peligros en Jerusalén, Pablo, no le dio miedo. Es mas, parece ser que el Apóstol Pablo estaba sorprendido con los hermanos por demostrar temor y dijo, "—¿Por qué lloran? ¡Me parten el alma! —respondió Pablo"

Después de confrontar a los hermanos llenos de preocupación, y temor, les dijo, **"Por el nombre del Señor Jesús estoy dispuesto no solo a ser atado, sino también a morir en**

Jerusalén."

¿Puede ver el contraste de la obediencia de Pablo en comparación a sus contemporáneos? Ellos tenían una obediencia reservada; el Apostol Pablo no. El Apóstol Pablo estaba dispuesto no solo ha ser atado, sino también a morir por la causa de Jesucristo.

¡He ahí nuestro desafío!

Preguntas Para Una Reformación Espiritual

1. ¿Cuándo hablo de una obediencia reservada, entiende la severidad de esto?

2. La reformación espiritual despierta el celo de Dios en nosotros – así como lo hizo Dios con Saulo de Tarso, ahora el Apóstol Pablo. ¿Desea ser avivado por el Espíritu Santo?

3. Hágase la pregunta: ¿Qué tan grande es mi celo por Dios?

¡Algo Tiene Que Cambiar!

Apuntes:

Capítulo 17

¡Ungido Para Ser Luz!

"Ustedes son la luz del mundo. Una ciudad en lo alto de una colina no puede esconderse. Ni se enciende una lámpara para cubrirla con un cajón. Por el contrario, se pone en la repisa para que alumbre a todos los que están en la casa. Hagan brillar su luz delante de todos, para que ellos puedan ver las buenas obras de ustedes y alaben al Padre que está en el cielo." (San Mateo 5:14-16)

Si por alguna razón, nosotros pensamos que entrar al reino de Dios es solamente una gran celebración sin compromiso, necesitamos pensarlo mas afondo basándonos en las escrituras.

La idea de entrar al reino de Dios cubre dos áreas: 1) Una relación intima con Dios, 2) y la tarea de ser luz para el mundo con las buenas nuevas del reino de Dios.

¡Luz Para el Mundo!

Una reformación espiritual lleva mucho más que un simple encuentro con Dios lleva un compromiso muy grande también. La unción de Dios que cae sobre nosotros no es solamente para nosotros, la unción que Dios nos da es para impactar al mundo con Su verdad.

Jesus dijo les dijo a sus discípulos, **"son luz del mundo."** Hermanos, esto no fue una broma, no fue una idea, no fue una sugerencia, no señor, fue una indicación de que si sabemos que somos luz, ¡debemos expresarla!

¡Una Expresión de Vida!

La mejor palabra que puedo encontrar es la palabra expresión. Como luz o lámparas de Dios, debemos exponer o expresar esta luz que hay dentro de nosotros. Jesucristo espera esto de nosotros.

Ahora bien, en la escritura en San Mateo dice lo siguiente: **"Una ciudad en lo alto de una colina no puede esconderse. Ni se enciende una lámpara para cubrirla con un cajón. Por el contrario, se pone en la repisa para que alumbre a todos**

los que están en la casa."

Jesus deshace la idea de esconder la luz y también de cubrir una lámpara bajo un cajón. Luego dice, **"Por el contrario, se pone en la repisa para que alumbre a todos…".**

Cuando un creyente pierde el fuego de Dios (la expresión de luz,) tiende ha esconderse. El hecho de poner una lámpara en una repisa seria ilógico. Ya que ve su propia lámpara apagada y concluye, "¿Que necesidad tengo de poner una lámpara en la mesa, si no da luz a nadie? ¿Si me explico?

¡Puede Que Tu Seas La Única Luz Que Tu Familia Vea!

Una de las razones mas importantes de ser reformado espiritualmente, es porque muchas de las personas que están a tu alrededor, créalo o no, ¡dependen de ti, para que les des luz! Incluso, tus amigos y familia necesitan de tu luz para creer en Jesus como su Salvador.

Estar al tanto de nuestra condición espiritual es algo grave, ya que muchos dependen de lo que suceda dentro de nuestro espíritu para con Dios.

Preguntas Para Una Reformación Espiritual

1. ¿Entiendes la responsabilidad y la gravedad de ser luz para el mundo?

2. ¿Cual es tu entendimiento de "esconder" la luz?

3. Cuando uno se encuentra con Dios, el sentir de ser luz para otros debe aumentar. ¿Ha sido esta tu experiencia?

Apuntes:

Capítulo 18

¡La Unción No Es Solo Para Ti!

"Jesús regresó a Galilea en el poder del Espíritu, y se extendió su fama por toda aquella región. Enseñaba en las sinagogas, y todos lo admiraban. Fue a Nazaret, donde se había criado, y un sábado entró en la sinagoga, como era su costumbre. Se levantó para hacer la lectura, y le entregaron el libro del profeta Isaías. Al desenrollarlo, encontró el lugar donde está escrito:
«El Espíritu del Señor está sobre mí, por cuanto me ha ungido para anunciar buenas nuevas a los pobres. Me ha enviado a proclamar libertad a los cautivos y dar vista a los ciegos, a poner en libertad a los oprimidos, a pregonar el año del favor del Señor.»
Luego enrolló el libro, se lo devolvió al ayudante y se sentó."
(San Lucas 4:16-20)

Algo que yo he visto en lo personal, es el anhelo y el deseo en las personas, de que algún siervo de Dios ponga sus manos sobre ellos para estar ungidos con poder. Muchas iglesias promueven esta forma de ministración para con los miembros de la iglesia.

Sea que este correcto o no, muchos buscan estas experiencias en las iglesias. El peligro es y creo que siempre ha sido, que la persona busque mas el don de Dios que a Dios mismo.

Sabe, cuando una persona cristiana se enfría en las cosas de Dios, lo primero que pierde es su discernimiento. Una persona puede acabar errada en las enseñanzas y doctrinas básicas. Y para colmo, la persona puede hasta inventar una cierta doctrina, ¡para poder comprobar su error! Esto sucede mucho también.

¡La Unción Que Dios Da!

Sabemos que este tema es un tema muy codiciado; veamos como el Maestro de maestros trato con el tema de la unción. La biblia habla de un día cuando Jesus regreso a Galilea lleno de poder. En una ocasión fue a Nazaret y se metió en una sinagoga y se paro a leer la lectura; en este entonces alguien le dio el libro de Isaías para que lo leyera en publico.

Ahora algo muy especial sucedió aquí. Al abrir el rollo de donde iba a leer, se encontró el párrafo que decía lo siguiente:
> *«El Espíritu del Señor está sobre mí, por cuanto me ha ungido para anunciar buenas nuevas a los pobres. Me ha enviado a proclamar libertad a los cautivos y dar vista a los ciegos, a poner en libertad a los oprimidos, a pregonar el año del favor del Señor.»*

Como usted puede ver lo que Jesus dijo al leer la escritura en Isaías, uno solo puede imaginarse lo que estaba pasando por las mentes de toda persona presente en ese día en esa sinagoga. He aquí lo que Jesus dijo:
> *"El Espíritu del Señor esta sobre mi, por cuanto me ha ungido..."*

La escritura nos dice que Jesus leyó estos versículos y el estaba hablando de si mismo. El hizo la declaración de que Dios Padre lo había ungido con Su Espíritu. El ser ungido con el Espíritu de Dios no era el fin, estar lleno de Dios no era la meta. La meta era tocar a otras vidas con el poder de Dios y hacer lo necesario en ellos para que llegaran a la Verdad.

Jesus Fue Ungido Para...

1. Anunciar las buenas nuevas a los pobres. Este es el ministerio del Señor. Todo creyente que ha llegado a la Verdad, que es Cristo Jesus, tiene el deber de anunciar estas buenas nuevas a todo aquel que anda buscando la salida de su pobreza espiritual. Esto no es solo para que el cristiano se glorié en si mismo, pero en Dios.

2. Para ser enviado a proclamar libertad a los cautivos. Otra de las obras de Dios a través de nosotros es de proclamar libertad a los cautivos. Y vaya que hay muchos cautivos en el mundo en el que vivimos. La unción es para proclamar libertad a los cautivos.

3. Para dar vista a los ciegos. Dios nos esta ungiendo para hacer prodigios y señales entre las multitudes de personas ciegas. ¡Este poder no es solo para nosotros!

4. Dar libertad a los oprimidos. Dentro de esta unción, Dios nos ha tocado nuestra vida para liberar a los oprimidos. Este tiene que ver con liberación y el sacar demonios de las

personas atadas.

5. Para pregonar el año del favor del Señor. Finalmente, hay que seguir declarando el favor de Dios en estos tiempos. ¡Mientras estemos vivos, debemos predicar este evangelio bajo el poder de Dios!

Yo estoy mas que confiado, que una reformación espiritual, despertará a cualquiera que busque servir a Dios de corazón.

Preguntas Para Una Reformación Espiritual

1. ¿Qué significa la unción de Dios para tu vida?

2. ¿Has experimentado la unción de Dios en tu vida para predicar la Palabra de Dios?

3. Dios nos ungió a ti y a mi. ¿Para que? Nos ungió para hacer las obras de Dios en la tierra. ¿Estas haciendo las obras de Dios en tu vida?

Apuntes:

Capítulo 19

¡Una Misión Local y Global: ¡Ganando Almas, Haciendo Discípulos y Preparando Obreros!

"**Lo que me has oído decir en presencia de muchos testigos, encomiéndalo a creyentes dignos de confianza, que a su vez estén capacitados para enseñar a otros. Comparte nuestros sufrimientos, como buen soldado de Cristo Jesús. Ningún soldado que quiera agradar a su superior se enreda en cuestiones civiles.**" (2 Timoteo 2:2)

¡Lo que el culto o reunión no puede lograr en nosotros, una reformación espiritual lo logrará, y con poder! Por esta razón, debemos buscar una renovación en Dios diaria. ¡Nunca hay que dejar de buscarla, hasta encontrar el rostro de Jesucristo!

¡Cuando una vea Su rostro, todo cambiará!

La misión local y global, es de hacer lo que Dios nos mando hacer: ganar almas perdidas, discipular a todo nuevo convertido, y finalmente, prepararlos o capacitarlos como obreros que irán a recoger la cosecha.

La misión de Dios para Su iglesia de verdad es simple de entender, pero, tal ves no simple de hacer. Este siempre ha sido el reto de la iglesia cristiana en todo el mundo. Empecemos....

El Creyente.

Cuando Dios nos salvó, también nos llamó a servirle. Un creyente que ha experimentado una reformación espiritual en su ser sabe bien, que Dios no solamente nos llamó para estar sentados en la iglesia. O sea, Jesucristo no murió por nosotros los pecadores, para que pasáramos el resto de nuestras vidas en la iglesia asistiendo reunión tras reunión ¡solamente los Domingos!

Dios nos ha llamado a traer personas al reino de Dios invitándolos y presentándoles las buenas nuevas del evangelio. Este trabajo no es fácil de hacer, pero Dios nos ordena que vayamos y prediquemos a toda criatura. [San Marcos 16:15; San Mateo 28:18-20]

El primer paso es traer a la persona a un arrepentimiento de pecado. Cuando esto suceda, y se laven en la sangre del cordero, este pecador perdido, será un nuevo convertido. El será un creyente de Cristo Jesus.

El Discípulo.

El siguiente paso para este creyente será el tomar un buen curso de discipulado. La mejor forma para establecer a una persona recién convertida es compartiéndole los elementos básicos de la fe cristiana. Esto lo alineara con las ideas, filosofías y enseñanzas de nuestro Señor Jesucristo. Este creyente podrá entender porque debe desarrollar una vida intima con Dios, leer Su Biblia a diario, ayunar, compartir las buenas nuevas, como luchar en la guerra espiritual, caminar en los dones del Espíritu Santo, y como ministrar a la persona que todavía no conoce a Dios. Esto se puede hacer en unas 12 a 20 semanas de tiempo, una vez por semana.

El Obrero.

Después de tomar la clase de las enseñanzas básicas (un discipulado), se le instruirá a este discípulo como ser un ministro para Dios. Ya sea tiempo medio o tiempo completo. Se le enseñará a ministrar en su hogar, su trabajo, en su iglesia y a donde quiera que vaya. El obrero de Dios aprenderá las características de Dios y como aplicarlas en la obra del Señor. Desarrollará también una buena filosofía de lo que es el ministerio de Dios.

La Misión de Dios en la Tierra.

Jesus nos encargo a nosotros Su iglesia, a hacer discípulos de todas las naciones. Esta es reconocida como la gran comisión. [vea San Mateo 28:18-20]. La mies es muchas y los obreros son pocos, dijo Jesus.
Es por esta razón, que la persona que anhela caminar con Dios debe siempre estar viviendo una reformación espiritual. Las cosas que Dios desea de nosotros solo se le revelan a los que están alineados con la mente de Dios.

¡Una reformación espiritual no es para los débiles de corazón!

Preguntas Para Una Reformación Espiritual

1. ¿Sientes carga por los que no conocen a Dios?

2. ¿Qué has hecho para alcanzarlos?

3. 3 formas para tocar al mundo son: interceder por la obra misionera, dar a la obra misionera, e ir a las misiones. ¿Cuál de estas tres estas haciendo constante y consistentemente?

Apuntes:

Capítulo 20

¡Impactando Tu Lugar de Trabajo y Tu Cultura!

"Les dijo: «Vayan por todo el mundo y anuncien las buenas nuevas a toda criatura." (San Marcos 16:15)

"Tú, por el contrario, sé prudente en todas las circunstancias, soporta los sufrimientos, dedícate a la evangelización; cumple con los deberes de tu ministerio." (2 Timoteo 4:5)

Cuando una persona se convierte, juntamente con esto, también recibe una pasión para compartir con otras personas, el amor que Jesucristo da. La pasión por compartir el amor de Dios con todo aquel que no conoce de Dios, ¡es asombroso!

Esas personas, le testificarán a su familia, a sus amigos y compañeros de trabajo, compañeros de escuela, a los vecinos, en el mercado, a personas que no conocen, y a cualquier persona que se les atraviese.

¿Por qué lo hacen con toda la pasión del mundo? Por que sus

espíritus han sido resucitados y tienen mucho que expresar de parte de Dios.

La Frialdad Espiritual

Ahora, igual, cuando llega la frialdad espiritual, la persona pierde su discernimiento por las cosas de Dios, y también, la pasión por hacer las cosas que antes hacia para con Dios. Es fácil descuidar lo que Dios ha hecho en la persona, si la persona, no esta al corriente de los mover de Dios en su vida.

Cuando una persona descuida su vida espiritual, todo tipo de ataques le llegan, todo tipo de tentaciones también llegan, y fácilmente la persona cae en trampas pecaminosas.

La Necesidad de Una Reformación Espiritual

Es por esa razón, que una persona necesita entrar en una reforma de espíritu con Dios. La persona necesita entrar a un nivel nuevo de quebrantamiento y necesidad de ser renovado. Recuperar lo que se ha perdido a veces es muy difícil, ¡pero no imposible!

Juntamente con la renovación de Espíritu, la persona vuelve a ser un evangelista para Jesus; vuelve a su primer amor con Jesus, y la obra sigue avanzando.

Recuerda que tu vida es una carta leída por todos los que te rodean. [vea 2 Corintios 3]

Entonces, a como corre o sea tu vida, así correrá o será tu testimonio. Si hay fuego en ti, habrá fuego en otros. Si hay pasión por Jesus en ti, habrá pasión por Jesus en otros. ¡Nunca podrás dar lo que no tienes, ni tampoco, ser lo que no eres!

Dios quiere y anhela usar nuestras vidas para hacer un impacto potente en tu familia, en tus amistades, en tu trabajo y tu iglesia. No te contentes con muy poco. Dios tiene mucho que hacer en ti y a través de ti.

Representante de Una Cultura Celestial

El punto de este capitulo es que cuando tu, como siervo de Dios, llegues a un lugar, – y la presencia y el carisma de Dios, sea manifestado a través de ti. Ser una persona que cambie ambientes, es el llamado para toda persona que ha experimentado una reformación espiritual.

Preguntas Para Una Reformación Espiritual

1. ¿Entiendes la visión de Dios para todo obrero? ¿Cuál es?

2. ¿Has experimentado la pasión de Dios en ti?

3. En este tiempo que has caminado con Dios, ¿Has producido un cambio por la forma que vives para Dios? Si no has visto esto suceder en tu vida, tienes que hacerte la pregunta, ¿Por qué no?

¡Algo Tiene Que Cambiar!

Apuntes:

Capítulo 21

¿Si No Tu, Entonces Quien? Y
¿Si No Hoy, Entonces Cuando?

"No es tonto el que da lo que no puede conservar para ganar lo que no puede perder."
- Jim Elliot [Misionero en Ecuador]

"Prende fuego y la gente vendrá por millas para verte arder."
-John Wesley [Fundador de la Iglesia Metodista]

"Dame cien predicadores que no teman sino al pecado y no deseen nada sino a Dios, y no me importa si son clérigos o laicos, ellos solos sacudirán las puertas del Infierno y establecerán el reino de los Cielos sobre la Tierra."
-John Wesley [Fundador de la Iglesia Metodista]

» No crean que he venido a traer paz a la tierra. No vine a traer paz, sino espada. » El que quiere a su padre o a su madre más que a mí no es digno de mí; el que quiere a su hijo o a su hija más que a mí no es digno de mí; y el que no toma su cruz

y me sigue no es digno de mí."
-El Señor Jesús en San Mateo 10:34, 37-38

¡Hoy Es El Día!

¿Muchos preguntarían, cuando debo perseguir una reformación espiritual en mi vida? ¿O cuando puedo buscar un avivamiento para mi vida? La respuesta es: ¡HOY! Entre mas pronto reconozcas que tu vida no está, donde Dios quiere que esté, entonces esta seria la señal para ti de buscar una reformación en tu vida.

Por años, muchos viven en un contentamiento sin pasión de Dios en ellos; hermanos, esto no es nada sano. Vidas tranquilas fuera de la voluntad de Dios sin visión, sin misión, y sin compromiso con el Señor que lo dio todo por ellos. Estas personas viven vidas patéticas y destituidas de todo lo que Dios anhela hacer en ellos y a través de ellos. ¡Yo se lo que estoy diciendo!

Cuando una persona se ve como Dios los ve, esta causara un gran despertamiento y la necesidad de una reformación espiritual empezara a quemar dentro de ellos.

¿Quiénes Son Las Porristas y Fanáticos?

Ahora bien, hay otro grupo que siempre están viendo de lejos. Estas personas están caminando en temor de lo que Dios pueda hacer en ellos. ¡Estas personas no se atreverían acercarse al fuego de Dios, no vaya a ser que sean consumidos y llamado a dejar todo por Jesus!

Este grupo del que estoy hablando aquí, son como las porristas de un equipo. No están en el juego directamente, pero si están con las ganas de ganar el partido. No participan en las jugadas, pero si están llenas de porras. Hay un tiempo en nuestras vidas, que tenemos que dejar de ser porristas y entrar al juego y hacer la diferencia.

Finalmente, tenemos a los fanáticos. Aquellos que les encanta gritar, criticar, anunciar, denunciar, y menospreciar a los jugadores en la cancha. Ellos están llenos de ideas y métodos de como se podría mejorar o avanzar el partido para ganar, ¡pero hasta ahí! Ellos no van a entrar al juego, ¡que no lo mande

Dios! Ellos jamás se atreverían a ponerse un uniforme, ir a un ensayo, y tomar una responsabilidad por hacer la diferencia en la vida de nadie.

Mis amados discípulos que anhelan una reformación espiritual:

El Señor Jesus, esta contando contigo, con toda tu vida. Que tu seas la persona que hará la diferencia. Dios no esta llamando a personas – ¡pues el ya las llamo! Lo que Dios esta esperando, es quien de todos los escogidos, levantará la mano, y dirá juntamente con el Profeta Isaías, "¡**Heme aquí; envíame a mi!**"

Preguntas Para Una Reformación Espiritual

Antes de cerrar estos escritos, me viene a la mente la historia que Jesus compartio con son Sus seguidores en San Mateo 25:1-13, en cuanto a las 10 virgenes.

Dice la escritura que habia 5 virgenes prudentes, y 5 virgenes insensatas. Esta historia nos debe provocar ha buscar el significado de lo que nuestro Señor Jesus nos queria comunicar. Veamos esto:

"**Y, como el novio tardaba en llegar, a todas les dio sueño y se durmieron.**" (San Mateo 25:5)

Las 5 virgenes insensatas y las 5 virgenes prudentes - a todas les sucedio lo mismo. A las 10 de ellas, **"les dio sueño y se durmieron..."** Entonces quiero agregar que el secreto de permancer encendido para con Dios, no se encuentra en el tipo de lámpara que eres o seas, ni tampoco si tienes aceite o cuanto aceite tienes. La pregunta que debes hacerte es: *¿Estoy despierto para esuchar el clamor o grito de que, ¡el Novio ya está aquí?*

"**Por tanto** —agregó Jesús—, **manténganse despiertos porque no saben ni el día ni la hora.**" (San Mateo 25:13)

Apuntes:

Para la Compra de Mas Libros Escritos

por David Mayorga

Visite nuestra pagina:

www.shabarpublications.com

¡Algo Tiene Que Cambiar!

¡Algo Tiene Que Cambiar!

¡Algo Tiene Que Cambiar!

¡Algo Tiene Que Cambiar!

¡Algo Tiene Que Cambiar!

¡Algo Tiene Que Cambiar!

¡Algo Tiene Que Cambiar!

¡Algo Tiene Que Cambiar!

¡Algo Tiene Que Cambiar!

¡Algo Tiene Que Cambiar!

¡Algo Tiene Que Cambiar!

¡Algo Tiene Que Cambiar!

www.ingramcontent.com/pod-product-compliance
Lightning Source LLC
Chambersburg PA
CBHW071456070526
44578CB00001B/356